Impressum
Verlag: BABADADA GmbH, Nedderfeld 112 , 22529 Hamburg
Geschäftsführer / Verlagsleitung: Harald Hof
Druck: Books on Demand GmbH, In de Tarpen 42, 22848 Norderstedt

Imprint
Publisher: BABADADA GmbH, Nedderfeld 112 , 22529 Hamburg, Germany
Managing Director / Publishing direction: Harald Hof
Print: Books on Demand GmbH, In de Tarpen 42, 22848 Norderstedt

sală de clasă
sıynıf bülməse

a împărţi
bülü

186/2

tablă
taqta

curte a şcolii
məktəp ixatası

profesor
uqıtuçı

hârtie
kəğəz

a scrie
yazarğa

instrument de scris
qələm

masă de birou
üstəl

riglă
sızğıç

carte
kitap

elev
uquçı

ghiozdan

buqça

penar

qələmdan

creion

qırandaş

ascuţitoare

qələm oçlağıç

radieră

betergeç

bloc de desen

rəsem dəftəre

desen

rəsem

pensulă

pumala

cutie de acuarele

buyawlar tartması

foarfece

qayçı

lipici

cilem

caiet de exerciții

dəftər

temă

öy eşe

număr

san

a aduna

quşu

a scădea

alu

a multiplica

tapqırlaw

a calcula

isəplew

literă

xəref

alfabet

əlifba

cuvânt

süz

text

tekst

a citi

uqırğa

cretă

aqbur

oră

dәres

catalog

sıynıf jurnalı

examen

imtixan

certificat

sertifikat

uniformă şcolară

mәktәp forması

educaţie

mәğәrif

enciclopedie

ensiklopediyә

universitate

universitә

microscop

mikroskop

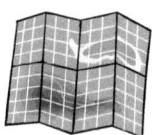

hartă

xarita

coş de gunoi

çüp qәğәz çilәge

călătorie
səyəxət

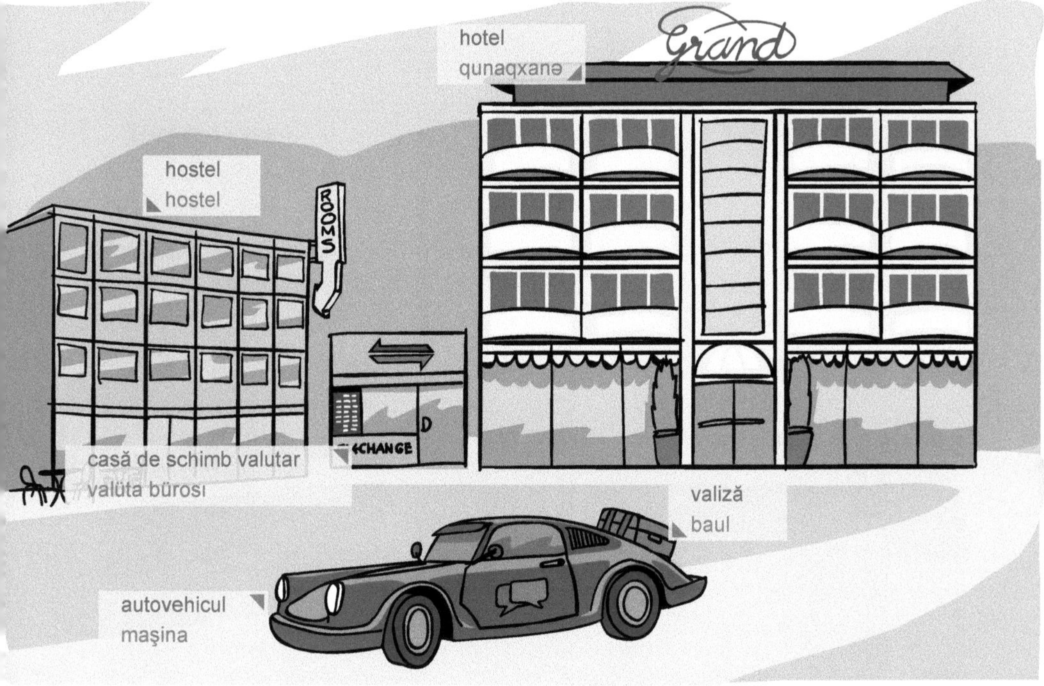
Grand
hotel
qunaqxanə
hostel
hostel
ROOMS
casă de schimb valutar
valüta bürosı
valiză
baul
autovehicul
maşina

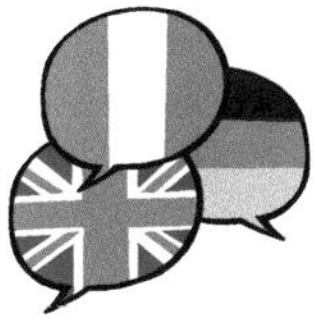

limbă

tel

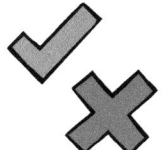

da/nu

əye / yuq

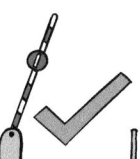

okay

yarar

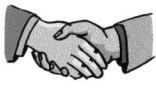

Bună!

isənmesez

interpret

tərceməçe

mulțumesc

Rəxmət

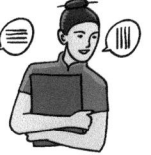

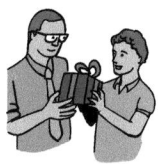

Cât costă...?

... küpme tora?

Nu înțeleg

min añlamıym

problemă

problem

Bună seara!

Xəyerle kiç!

Bună dimineața!

Xəyerle irtə!

Noapte bună!

Tınıç yoqı!

la revedere

saw bulığız

direcție

yünəleş

bagaj

bagaj

geantă

buqça

rucsac

biştər

oaspete

qunaq

cameră

bülmə

sac de dormit

yoqı qapçığı

cort

çatır

punct de informare turistică

turist məğlüməte

plajă

qomsal

carte de credit

kredit kərte

mic dejun

irtənge aş

masa de prânz

töşlek

cină

kiçke aş

bilet de călătorie

bilet

lift

lift

timbru poştal

marka

graniţă

çik

vamă

tamğaxanə

ambasadă

ilçelek

viză

viza

paşaport

pasport

transport
transport

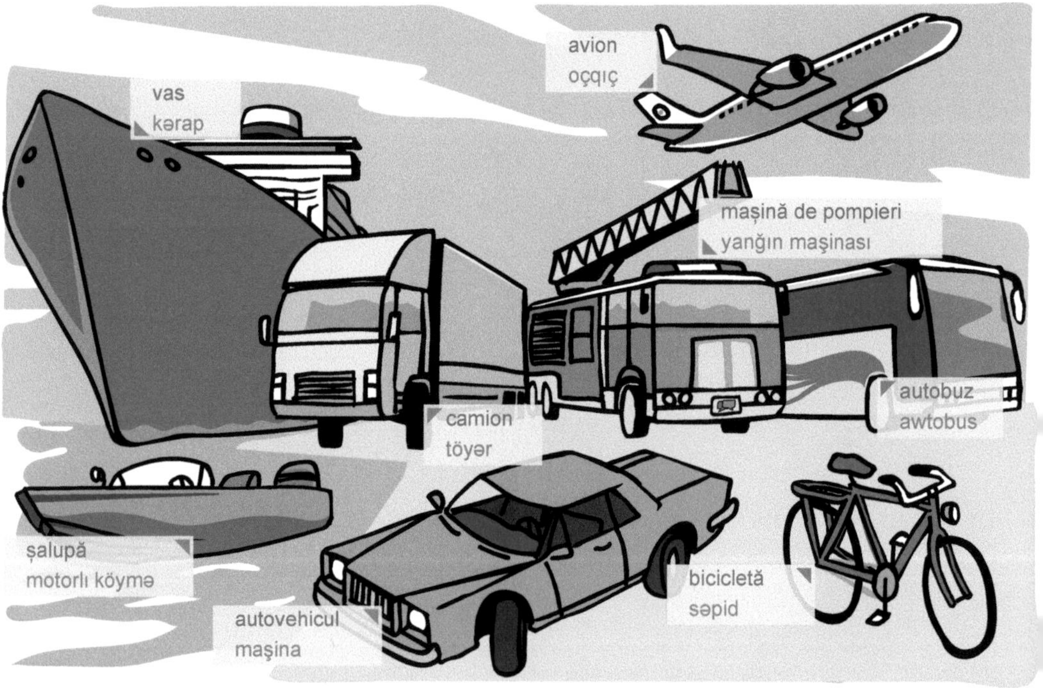
avion
oçqıç
vas
kərap
mașină de pompieri
yanğın maşinası
autobuz
awtobus
camion
töyər
șalupă
motorlı köymə
bicicletă
səpid
autovehicul
maşina

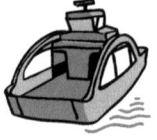

feribot
boram

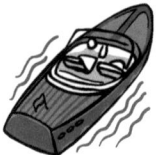

barcă
köymə

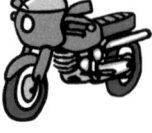

motocicletă
motosiklət

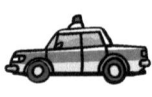

mașină de poliție
polisə maşinası

mașină de curse
uzış maşinası

mașină închiriată
kiralıq maşina

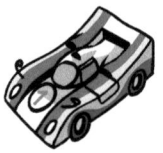

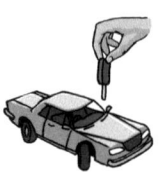

car sharing

karşering

maşină de tractat

tartuçı

maşină de gunoi

çüp töyəre

motor

motor

combustibil

yağulıq

benzinărie

benzinlek

semn de circulaţie

trafik bilgese

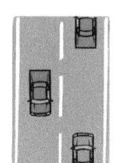

trafic

xərəkət

ambuteiaj

böke

parcare

parking

gară

stansa

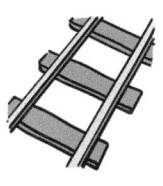

şine

rəy

tren

trən

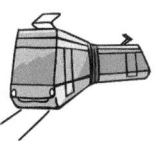

tramvai

tramway

vagon

vagon

elicopter
boralaq

aeroport
hawa alanı

turn
manara

pasager
yulçı

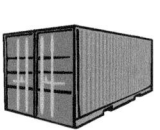

container
konteyner

carton
alap

căruţă
yök arbası

coş
səbət

a decola/a ateriza
qalqu / töşü

sat
awıl

centru
şəhər üzəge

casă
yort

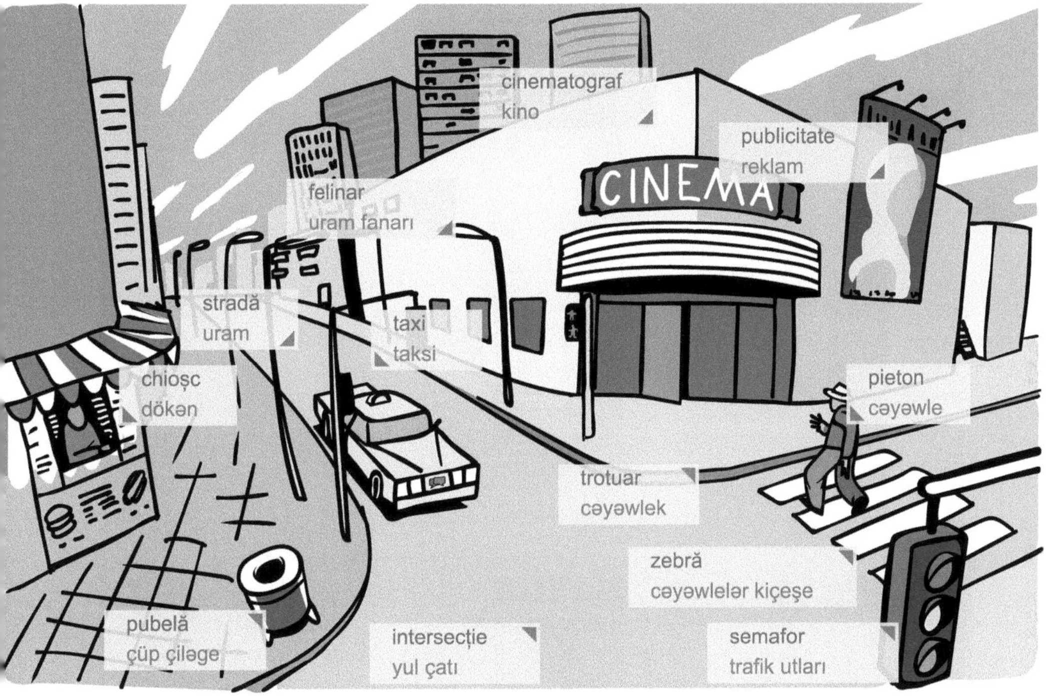
cinematograf
kino
CINEMA
publicitate
reklam
felinar
uram fanarı
stradă
uram
taxi
taksi
chioșc
dökən
pieton
cəyəwle
trotuar
cəyəwlek
zebră
cəyəwlelər kiçeşe
pubelă
çüp çiləge
intersecție
yul çatı
semafor
trafik utları

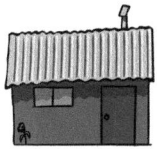

cabană
alaçıq

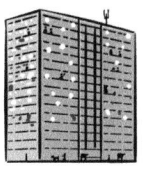

apartament
fatir

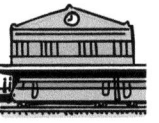

gară
stansa

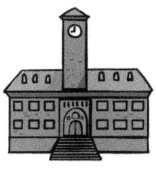

primărie
şəhər xakimiyəte

MUSEUM
muzeu
yədkərxanə

școală
məktəp

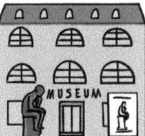

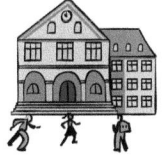

universitate

universitə

bancă

bank

spital

xastaxanə

hotel

qunaqxanə

farmacie

daruxanə

birou

ofis

librărie

kitap kibete

magazin

kibet

florărie

çəçək kibete

supermarket

supermarket

piață

bazar

magazin universal

zur kibet

comerciant de pește

balıq kibete

centru comercial

səwdə üzəgə

port

liman

parc

park

bancă

eskəmiyə

pod

küper

trepte

basqıç

metrou

metro

tunel

tunnel

stație de autobuz

awtobus tuqtalışı

bar

bar

restaurant

restoran

cutie poștală

yamıl tartması

tăbliță indicatoare cu
numele străzii

uram bilgese

parcometru

parking sanağıçı

grădină zoologică

xaywan baqçası

piscină

xəwezxanə

moschee

məçet

gospodărie țărănească
....
çeftlek

poluare
....
kerlelek

cimitir
....
zirat

biserică
....
çirkəw

loc de joacă
....
uyın alanı

templu
....
ğibädätxanä

peisaj
tirə-yün

frunză
yafraq

indicator
yul kürsətkeçe

drum
yul

pajiște
bolın

piatră
taş

drumeț
yöreşçe

copac
ağaç

râu
yılğa

iarbă
ülən

floare
çəçək

vale

üzən

deal

qalqulıq

lac

kül

pădure

urman

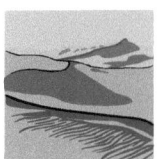

deşert

çül

vulcan

yanartaw

castel

nığıtma

curcubeu

salawat küpere

ciupercă

gömbə

palmier

palma

țânțar

çerki

muscă

çeben

furnică

qırmısqa

albină

bal qortı

păianjen

ürməküç

gândac

qoñğız

broască

baqa

veveriţă

tiyen

arici

kerpe

iepure

quyan

bufniţă

yabalaq

pasăre

qoş

lebădă

aqqoş

porc mistreţ

qaban duñğızı

cerb

bolan

elan

poşıy

dig

tuan

turbină eoliană

cir turbını

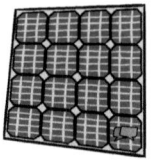

panou solar

qoyaş panele

climă

iqlim

restaurant
restoran

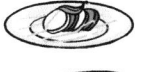

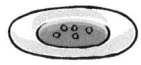

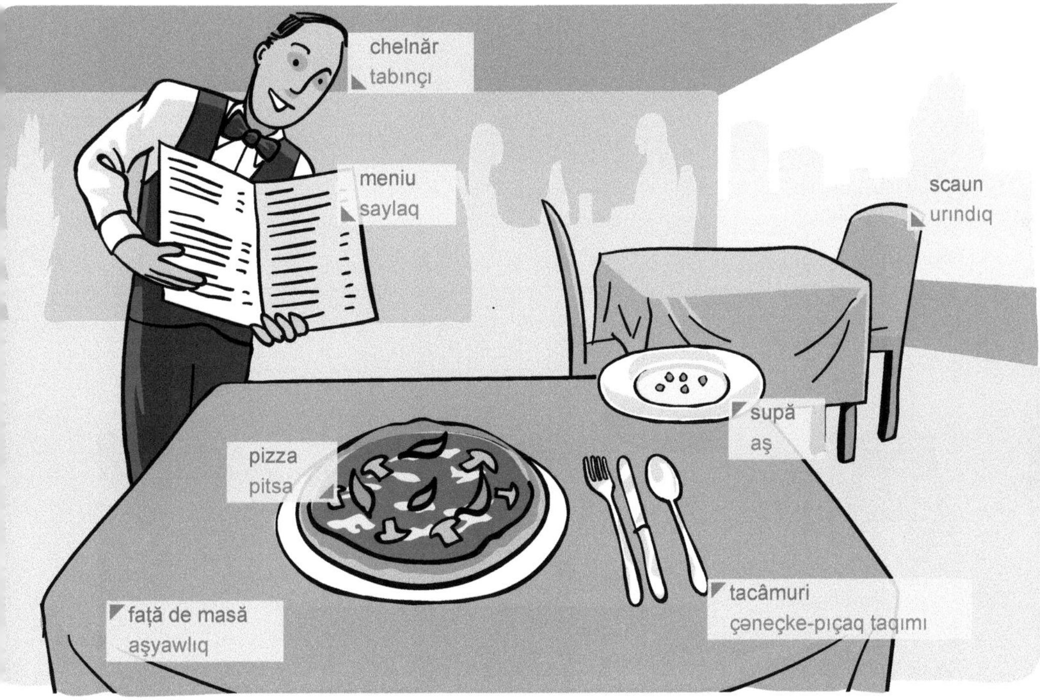
chelnăr
tabınçı
meniu
saylaq
scaun
urındıq
supă
aş
pizza
pitsa
tacâmuri
çəneçke-pıçaq taqımı
față de masă
aşyawlıq

antreu
qabımlıq

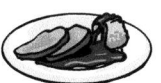

fel principal
töp aşamlıq

desert
tatlı

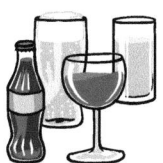

băuturi
eçemleklər

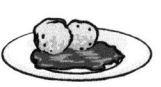

mâncare
azıq

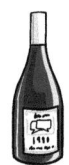

sticlă
şeşə

fastfood

fastfud

streetfood

uram rizığı

ceainic

çəygün

zaharniță

şikər sawıtı

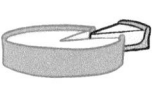

porție

salım

espressor

espresso maşını

scaun înalt (pentru copii)

biyek urındıq

factură

xisap

tavă

töger

cuțit

pıçaq

furculiță

çəneçke

lingură

qaşıq

linguriță

çəy qaşığı

șervețel

tastımal

pahar

tustağan

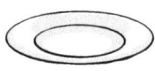

farfurie

tabaq

farfurie de supă

aş tabağı

farfurie

cəypək

sos

sous

solniţă

toz sawıtı

râşniţă de piper

borıç tegerməne

oţet

serkə

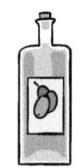

ulei

sıyıq may

condimente

təmlətkeç

ketchup

ketçup

muştar

xərdəl

maioneză

mayonez

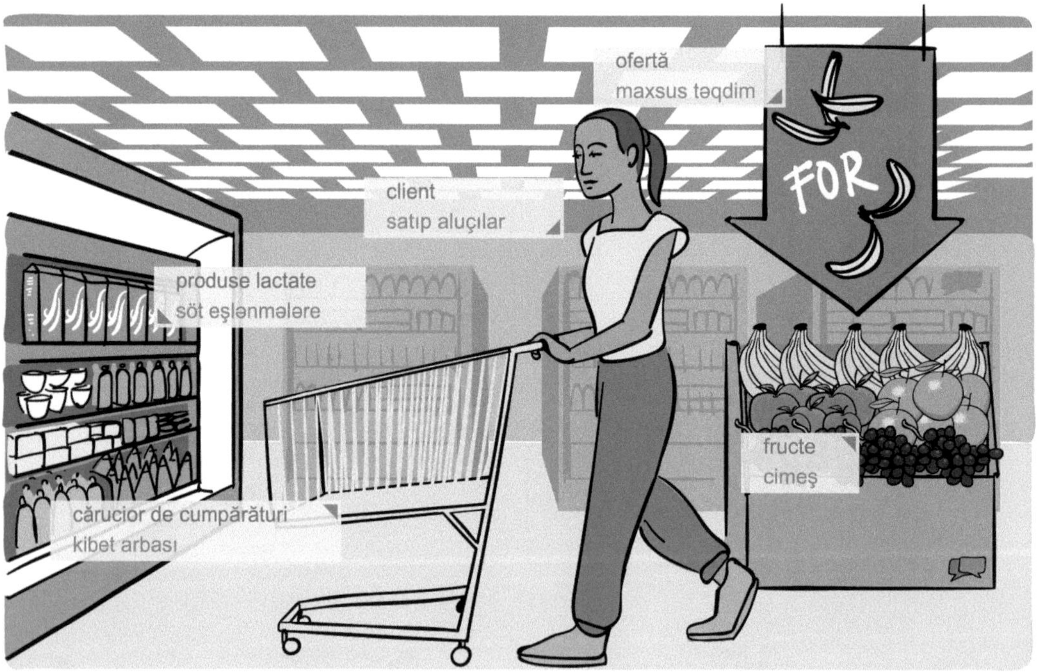

ofertă
maxsus təqdim
FOR
client
satıp aluçılar
produse lactate
söt eşlənmələre
fructe
cimeş
cărucior de cumpărături
kibet arbası

BUTCHERS

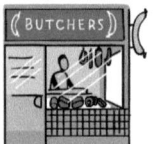

măcelărie

it kibete

BAKERY

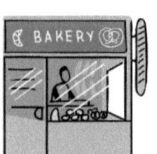

brutărie

ikməkxanə

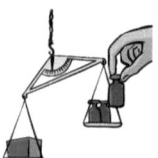

a cântări

ülçəw

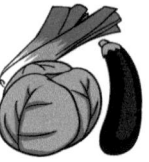

legume

yəşelçə

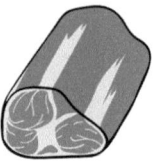

carne

it

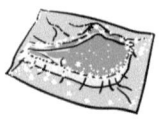

alimente refrigerate

tuñdırılğan aşamlıqlar

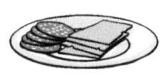

mezeluri și brânzeturi feliate

suıq it

conserve

kənsirləngən aşamlıq

detergent

ker tuzı

dulciuri

şikərləmələr

articole de menaj

öy eşlənmələre

produse de curățenie

təmizlek eşlənmələre

vânzătoare

satuçı

casă

yazuçı kassa

casier

kassir

listă de cumpărături

satıp alu isemlege

orar

eş waqıtı

portmoneu

qalta

carte de credit

kredit kərte

geantă

buqça

pungă de plastic

plastik qapçıq

apă

su

suc

sut

lapte

söt

cola

kola

vin

şərəb

bere

sıra

alcool

xəmer

cacao

kakao

ceai

çəy

cafea

qəhwə

espresso

espresso

cappucino

kapuçino

banane

banan

măr

alma

portocală

əflisun

pepene

qarbız

lămâie

limon

morcov

kişer

usturoi

sarımsaq

bambus

bambu

ceapă

suğan

ciupercă

gömbə

nuci

çikləweklər

paste făinoase

toqmaç

spagheti

spagetti

orez

döge

salată

salat

cartofi prăjiți

çips

cartofi țărănești

qızdırılğan bərəñge

pizza

pitsa

hamburger

hamburger

sandwich

sandwiç

șnițel

kətlit

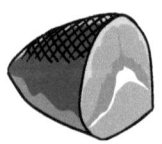

șuncă

ветчина

salam

salami

cârnați

sosis

pui

tawıq ite

friptură

qızdırma

pește

balıq

fulgi de ovăz

solı izməse

musli

müsli

cereale

məkkəy keterdege

făină

on

corn

kruassan

chifle

ipi tügərəge

pâine

ikmək

pâine prăjită

tost

biscuiți

kətərməç

unt

may

brânză de vaci

eremçek

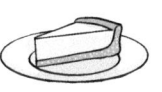

prăjitură

kəyk

ou

yomırqa

ouă ochiuri

təbə

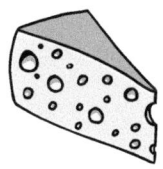

brânză

pəynir

îngheţată

tuñdırma

zahăr

şikər

miere

bal

marmeladă

qaynatma

cremă nuga

şokolad izməse

curry

karri

gospodărie țărănească

çeftlek

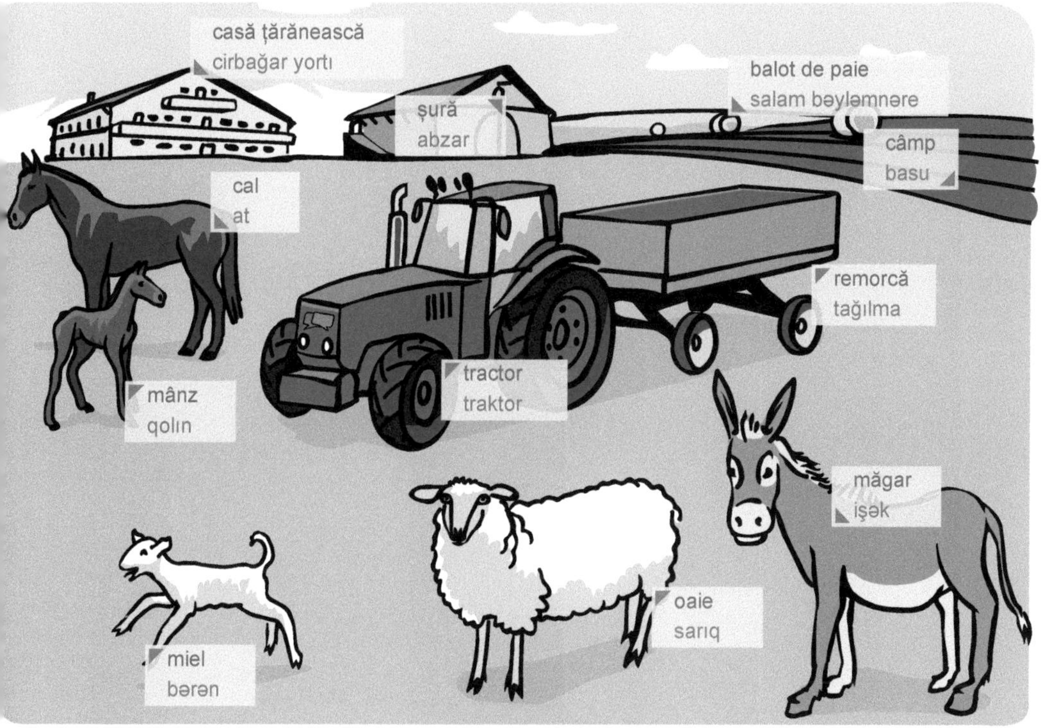
casă țărănească
cirbağar yortı
șură
abzar
balot de paie
salam bəyləmnəre
câmp
basu
cal
at
remorcă
tağılma
tractor
traktor
mânz
qolın
măgar
işək
oaie
sarıq
miel
bərən

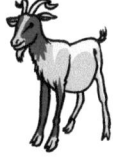

capră

kəcə

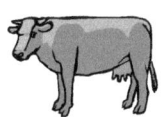

vacă

sıyır

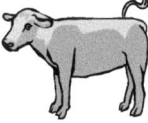

vițel

bozaw

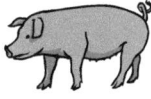

porc

duñğız

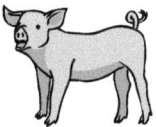

purcel

duñğız balası

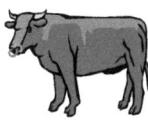

taur

ügez

găină

qaz

rață

ürdək

pui

çebi

găină

tawıq

cocoş

ətəç

şobolan

küse

pisică

pesi

şoarece

tıçqan

bou

eş ügeze

câine

et

cuşcă

et oyası

furtun de grădină

baqça xortumı

stropitoare

susipkeç

coasă

çalğı

plug

saban

secemă
uraq

sapă
kitmən

furcă
sənək

secure
balta

roabă
qul arbası

troacă
tağaraq

cană pentru lapte
söt çiləge

sac
qapçıq

gard
qoyma

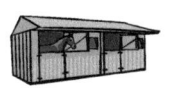

grajd
abzar

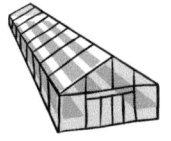

seră
essexanə

sol
tufraq

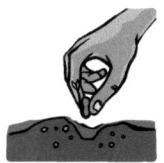

sămânţă
orlıq

fertilizator
aşlama

combină de treierat
kombayn

a culege

uñış cıyarğa

recoltă

uñış

cartof yam

yam

grâu

boday

soia

soya

cartof

bərəñge

porumb

məkkəy

rapiţă

raps

pom fructifer

cimeş ağaçı

manioc

manyok

cereale

börteklelər

casă
yort

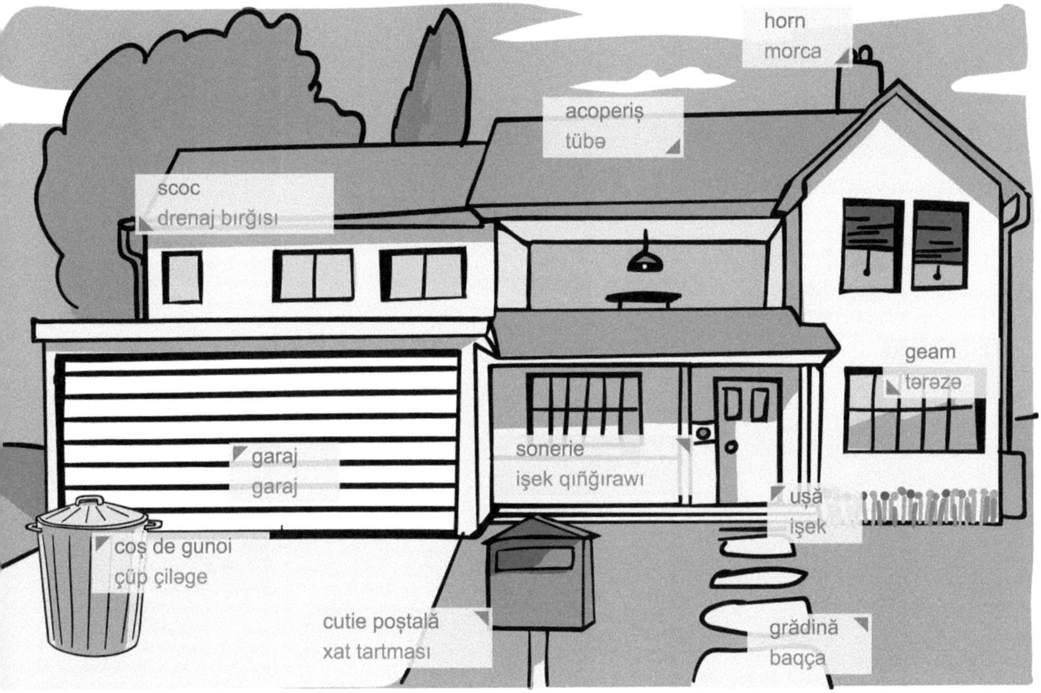
horn
morca
acoperiș
tübə
scoc
drenaj bırğısı
geam
tərəzə
garaj
garaj
sonerie
işek qıñğırawı
ușă
işek
coș de gunoi
çüp çiləge
cutie poștală
xat tartması
grădină
baqça

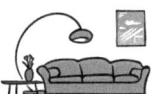

cameră de zi
qunaq bülməse

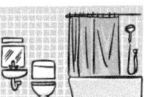

baie
yuınu bülməse

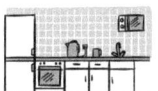

bucătărie
aş bülməse

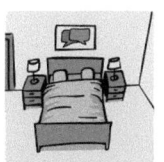

dormitor
yataq bülməse

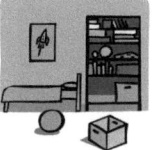

camera copiilor
bala bülməse

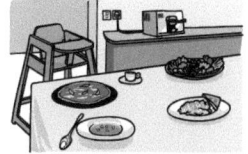

sufragerie
aş bülməse

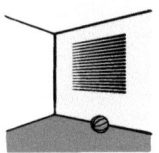

podea

idän

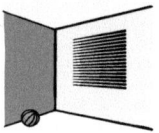

perete

diwar

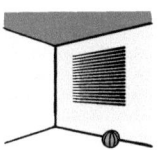

tavan

tüşəm

pivniţă

tülə

saună

sawna

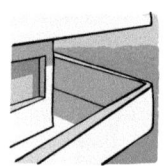

balcon

balkon

terasă

teras

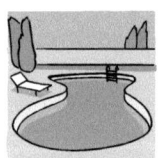

piscină

xəwez

maşină de tuns iarba

çirəmçapqıç

cearşaf

cəymə

cuvertură

yataq yapması

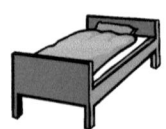

pat

yataq

mătură

seberke

găleată

çilək

întrerupător

özgeç

cameră de zi
qunaq bülməse

tapet
diwar kəğəze
pictură
rəsem
lampă
lampa
raft
kiştə
dulap
dulap
televizor
televiziyə
şemineu
çual
floare
çəçək
pernă
mendər
sofa
diwan
vază
nəlbək
telecomandă
yıraqtan boyırma

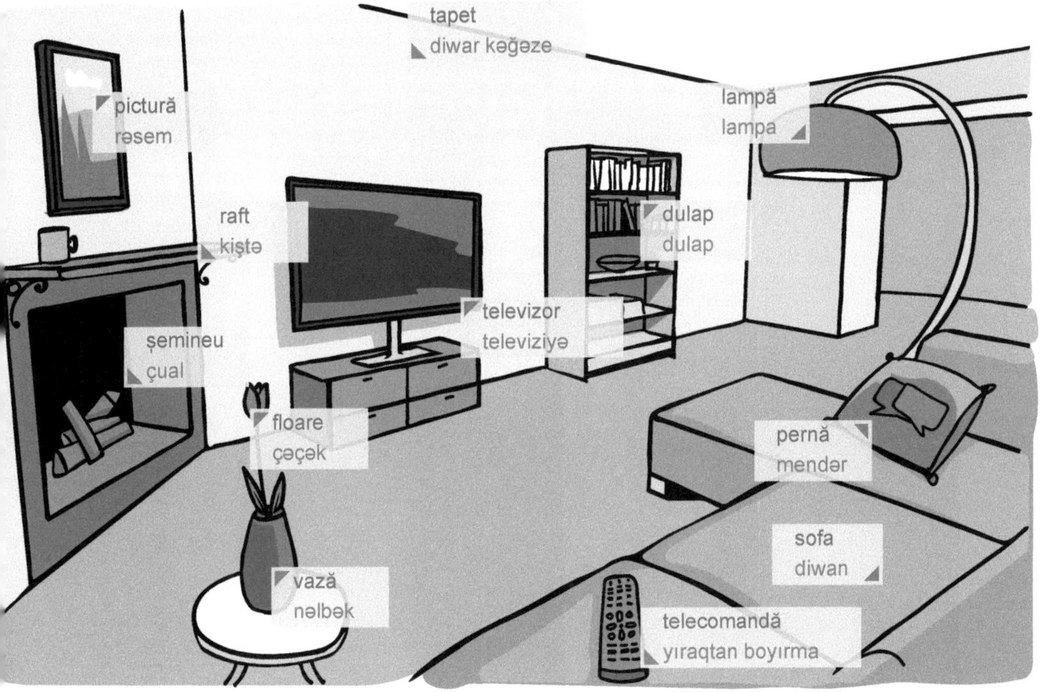

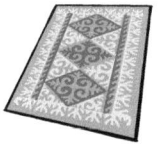

covor
keləm

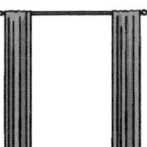

perdea
pərdə

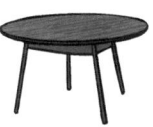

masă
östəl

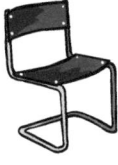

scaun
urındıq

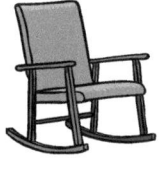

balansoar
tirbəlmə urındıq

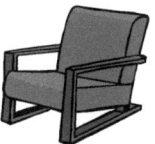

fotoliu
kənəfi

carte

kitap

pătură

yapma

decoraţiune

dekor

lemn de foc

utın

film

film

instalaţie stereo

hi-fi

cheie

açqıç

ziar

gəcit

desen

sürət

poster

poster

radio

radio

caiet de notiţe

quyın dəftəre

aspirator

tuzansuırğıç

cactus

kaktus

lumânare

şəm

bucătărie
aş bülməse

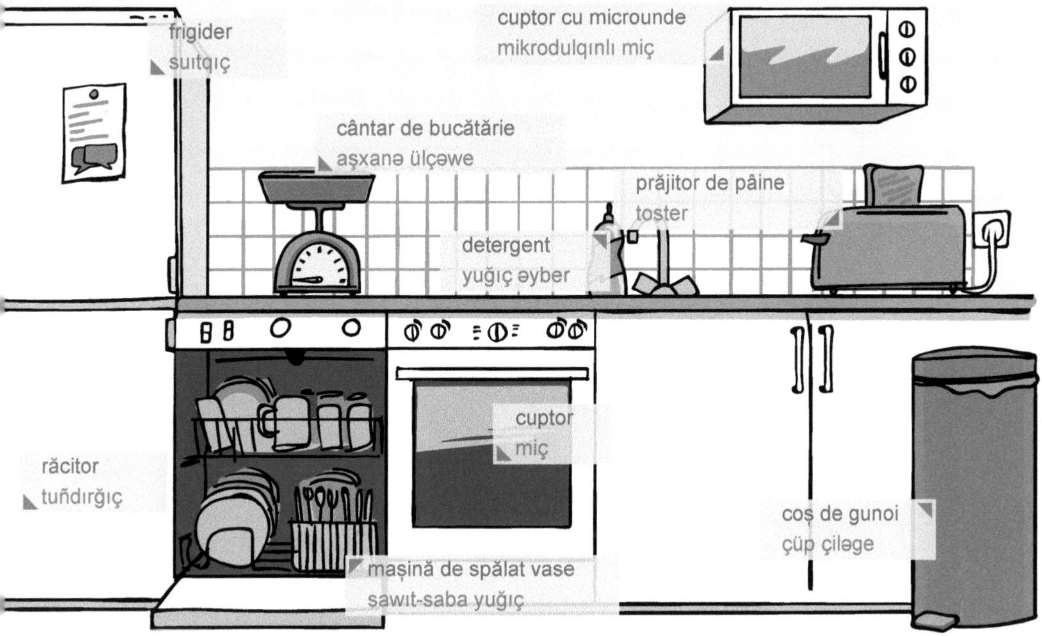

frigider
suıtqıç
cuptor cu microunde
mikrodulqınlı miç
cântar de bucătărie
aşxanə ülçəwe
prăjitor de pâine
toster
detergent
yuğıç əyber
cuptor
miç
răcitor
tuñdırğıç
coş de gunoi
çüp çiləge
maşină de spălat vase
sawıt-saba yuğıç

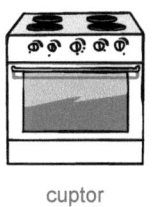

cuptor
....
əwsək

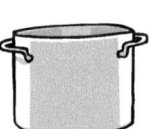

oală
....
sağan

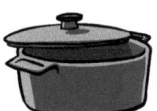

oală de metal
....
çuyın sağan

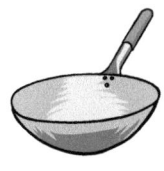

wok/kadai
....
wok

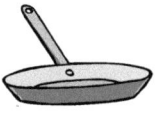

tigaie
....
taba

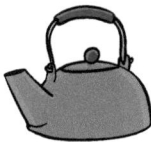

ceainic
....
çəygün

oală de gătit cu aburi

bulı peşergeç

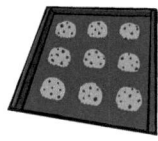

tavă de copt

qalay

veselă

sawıt-saba

pahar

təgəç

bol

kəsə

beţişoare

aşaw tayaqçıqları

polonic

ucaw

spatulă

spatula

tel

tuğlağıç

sită

sözgeç

sită

ilək

răzătoare

qırğıç

mojar

kile

grătar

barbekü

loc pentru grătar

açıq uçaq

tocător

taqta

sucitor

uqlaw

tirbuşon

böke suırğıç

conservă

metal tartma

deschizător de conserve

kənsir açqıç

şervete termice

miç biyələye

chiuvetă

kirşən

perie

fırça

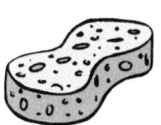

burete

bolıt

mixer

blender

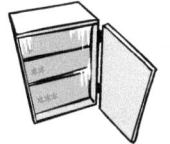

ladă frigorifică

tirən tuñdırğıç

biberon

imezlekle şeşə

robinet

çömək

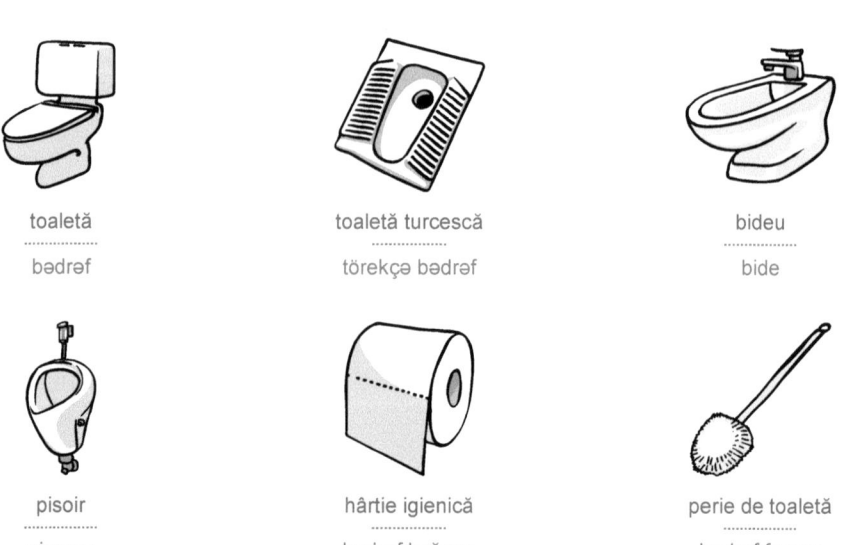

baie

yuınu bülməse

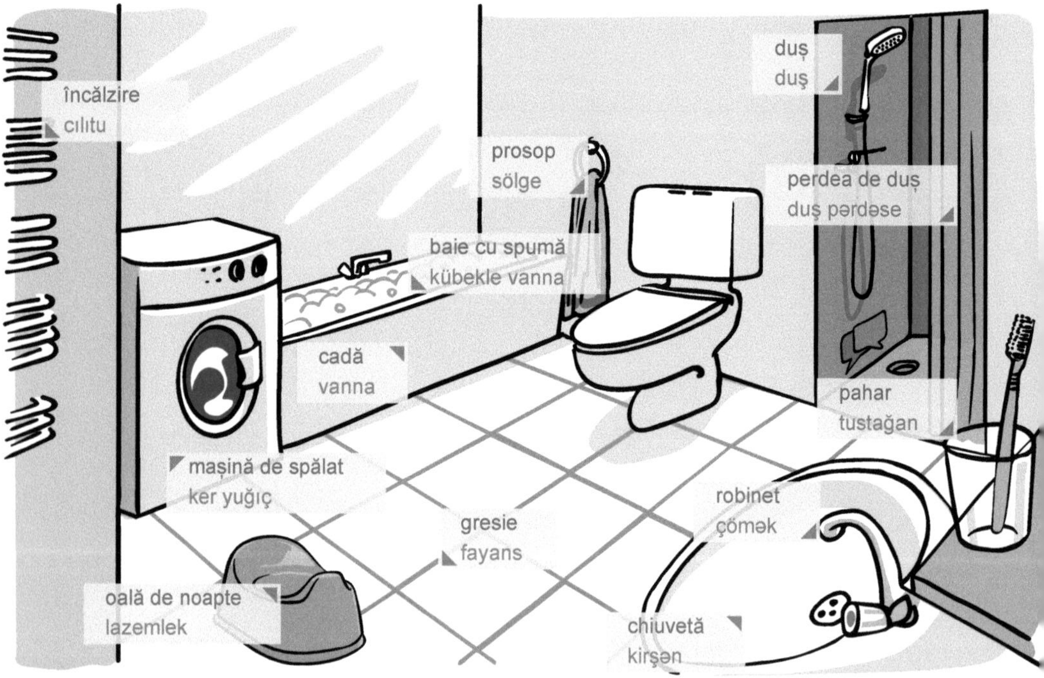

încălzire
cılıtu
prosop
sölge
duș
duş
perdea de duș
duş pərdəse
baie cu spumă
kübekle vanna
cadă
vanna
pahar
tustağan
mașină de spălat
ker yuğıç
robinet
çömək
gresie
fayans
oală de noapte
lazemlek
chiuvetă
kirşən

toaletă

bədrəf

toaletă turcescă

törekçə bədrəf

bideu

bide

pisoir

pissuar

hârtie igienică

bədrəf kəğəze

perie de toaletă

bədrəf fırçası

periuță de dinți

teş fırçası

pastă de dinți

teş məğcüne

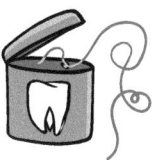

ață dentară

teş cebe

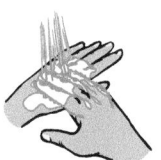

a spăla

yuarğa

cap de duş

duş başlığı

duş intim

duş

lavoar

kirşən

perie pentru spate

arqa fırçası

săpun

sabın

gel de duş

duş señəle

şampon

şampun

cârpă de spălat

munçala

scurgere

ağım

cremă

krem

deodorant

dezodorant

oglindă

közge

oglindă cosmetică

qul közgese

aparat de ras

östərə

spumă de ras

qırınu kübege

aftershave

qırınu losyonı

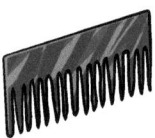

pieptene

taraq

perie

fırça

uscător de păr

fön

fixator

çəç sprəye

machiaj

makiyaj

ruj

iren innege

lac de unghii

tırnaq cələse

vată

mamıq

foarfece de unghii

tırnaq qayçısı

parfum

xuşbuy

neseser

makiyaj buqçası

taburet

utırğıç

cântar

ülçəw

halat de baie

çoba

mănuși de cauciuc

rezin iləsə

tampon

tampon

tampon

higiyenik pəd

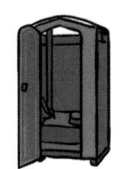

toaletă chimică

kimiyəwi bədrəf

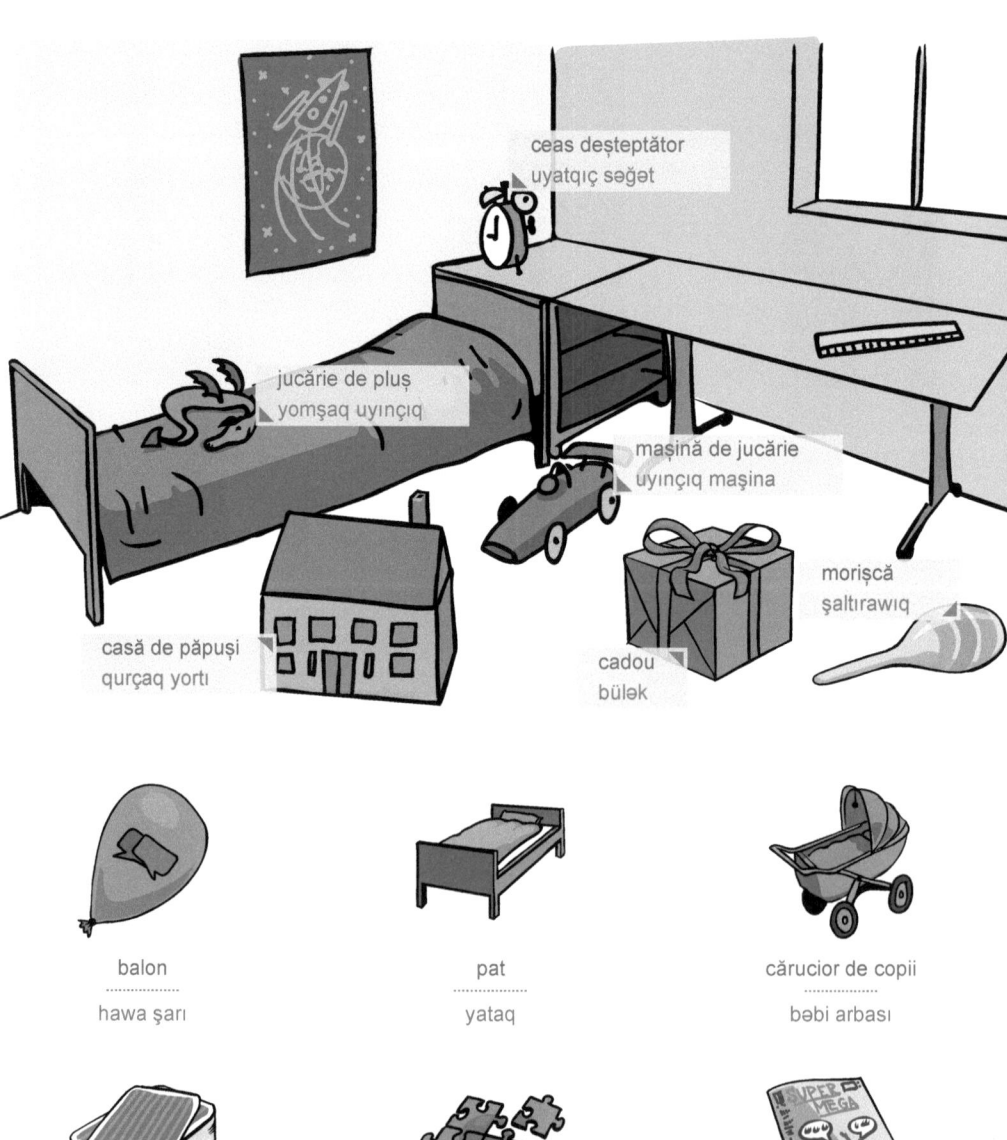

ceas deșteptător
uyatqıç səğət

jucărie de pluș
yomşaq uyınçıq

mașină de jucărie
uyınçıq maşina

morișcă
şaltırawıq

casă de păpuși
qurçaq yortı

cadou
bülək

balon

hawa şarı

pat

yataq

cărucior de copii

bəbi arbası

joc de cărți

kərt dəstəse

puzzle

pazl

revistă de benzi desenate

komiks

cuburi lego

lego kirpeçlǝre

piese pentru construcţii

şaqmaqlar

personaj din filmele de acţiune

uyın sınçığı

body

zıbın

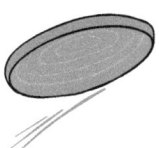

frisbee

frisbi

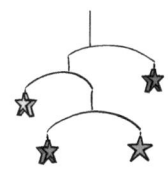

mobil

mobil

joc de societate

östǝl uyını

zar

uyın taşı

set trenuleţ de jucărie

trǝn modele cıyılması

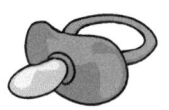

suzetă

imezlek

petrecere

kiçǝ

carte cu poze

rǝsemle kitap

minge

tup

păpuşă

qurçaq

a se juca

uynarğa

groapă de nisip

qomlıq

leagăn

tağan

jucării

uyınçıqlar

consolă video

uyın quşması

tricicletă

öç köpçəkle səpid

ursuleţ

uyınçıq ayu

dulap

kiyem dulabı

îmbrăcăminte

kiyem

şosete

oyıqbaş

ciorapi

oyıq

dres

oyığıştan

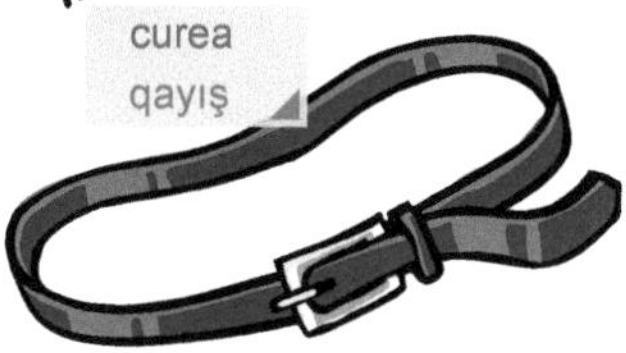

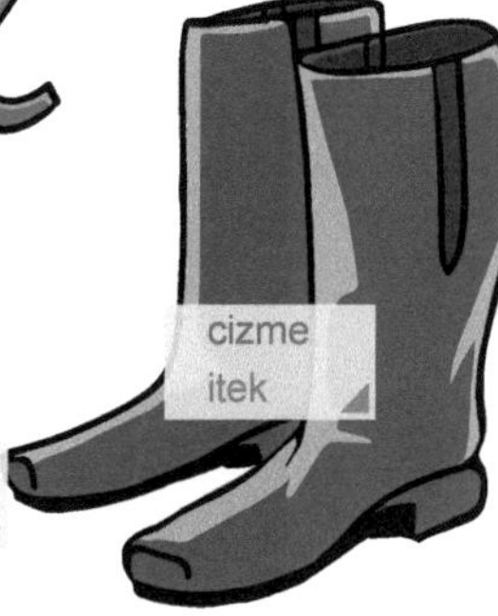

şal
şarf

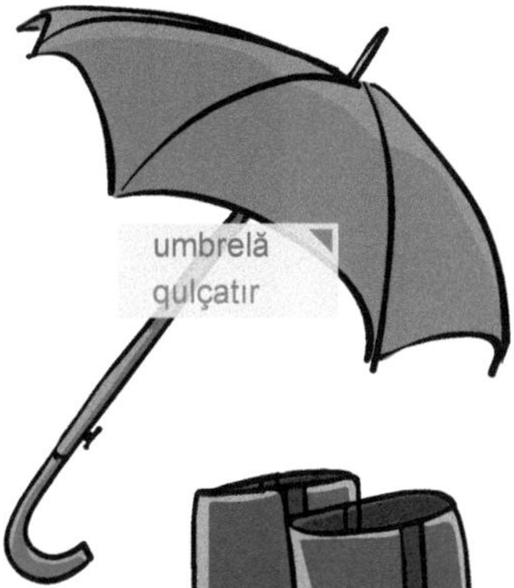

umbrelă
qulçatır

curea
qayış

tricou
t-külmək

cizme
itek

papuci
çəpələy

pantofi sport
sport ayaq kiyeme

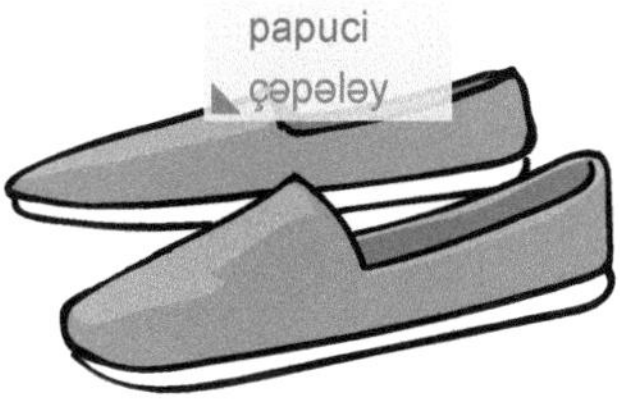

sandale
sandallar

încălţăminte
ayaq kiyeme

cizme de cauciuc
rezin itek

chilot
tənban

sutien
tüşti

maiou
cələk

body
bodi

pantaloni
çalbar

blugi
jins

fustă
itək

bluză
bluz

cămașă
külmək

pulover
sviter

jerseu
hudi

sacou
bleyzer

jachetă
jaket

palton
bişmət

pelerină de ploaie
yañğırlıq

costum
kəçtüm

rochie
külmək

rochie de mireasă
tuy külməge

costum

taqım kiyem

cămașă de noapte

tönge külmək

pijama

pijama

sari

sari

batic

yawlıq

turban

çalma

burka

burqa

caftan

çapan

abaya

abaya

costum de baie

qoyınu kiyeme

șort

yözü tənbanı

pantaloni scurți

şort

trening

sport kiyeme

șorț

alyapqıç

mănuși

iləsə

nasture

töymə

ochelari

küzlek

brăţară

beləzek

lanţ

muyınsa

inel

baldaq

cercel

alqa

căciulă

kəpəç

umeraş

elgeç

pălărie

eşləpə

cravată

muyınbaw

fermoar

zıncır

cască

oçlam

bretele

çalbar asması

uniformă şcolară

məktəp forması

uniformă

forma

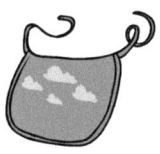

baveţică

balalar kükrəkçəse

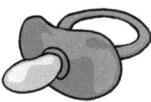

suzetă

imezlek

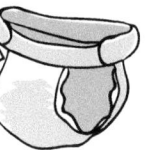

scutec

küzələ

birou
ofis

server
server
dulap de acte
buma dulabı
imprimantă
basaq
hârtie
kəğəz
monitor
kürək
mouse
tıçqan
masă de birou
östəl
fişier
buma
tastatură
töyməsar
coş de gunoi
çüp qəğəz çiləge
computer
sanaq
scaun
urındıq

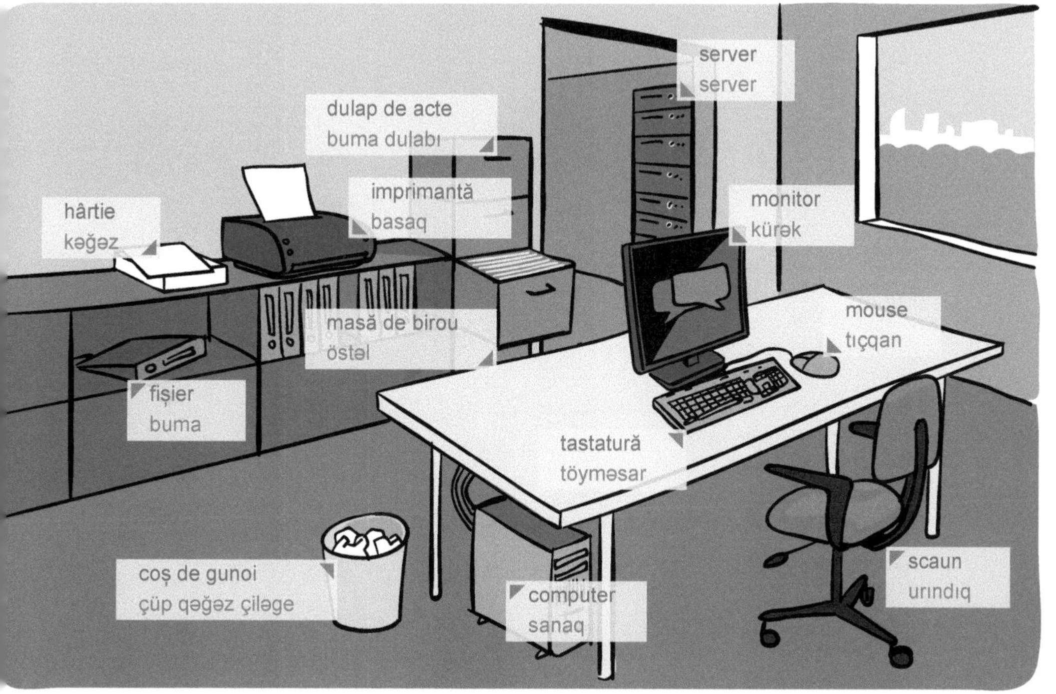

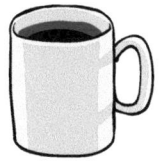

ceaşcă de cafea

qəhwə təgəçe

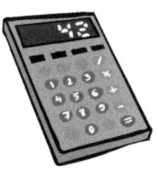

calculator

sansanar

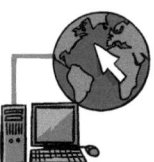

internet

internet

laptop

ləptop

scrisoare

xat

mesaj

xəbər

telefon mobil

kesə telefonı

reţea

çeltər

copiator

fotokopyaçı

software

program təminatı

telefon

telefon

priză

ayırğıç

fax

faks

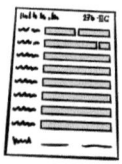

formular

form

document

dokument

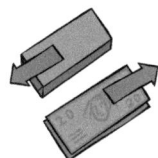

a cumpăra
....
satıp alırğa

a plăti
....
tülərgə

a face comerţ
....
səwdə itərgə

bani
....
aqça

USD

Dolar
....
dollar

EUR

Euro
....
euro

JPY

Yen
....
yen

RUB

Rublă
....
sum

CHF

Franc Elveţian
....
frank

CNY

renminbi yuan
....
yuan

INR

Rupie
....
rupi

bancomat
....
bankomat

casă de schimb valutar

valüta bürosı

aur

altın

argint

kömeş

petrol

qaramay

energie

energiyə

preţ

bəyə

contract

kontrakt

impozit

salım

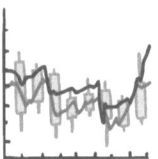

acţiune

stok

a munci

eşlərgə

angajat

eşçe

angajator

eş birüçe

fabrică

fabrika

magazin

kibet

ocupații
hönərlər

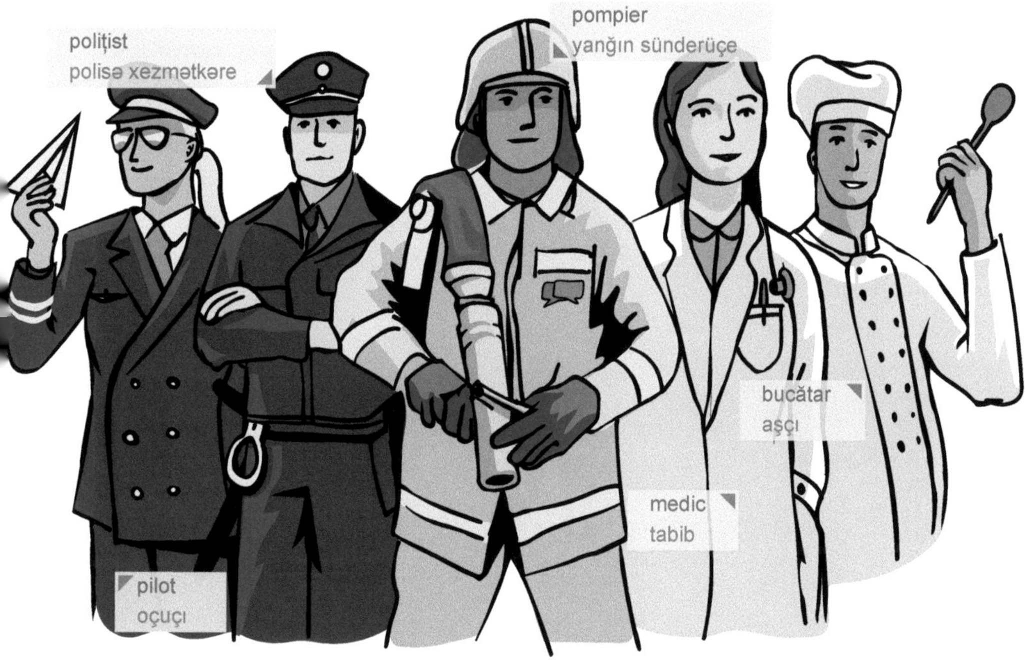
pompier
yanğın sünderüçe
polițist
polisə xezmətkəre
bucătar
aşçı
medic
tabib
pilot
oçuçı

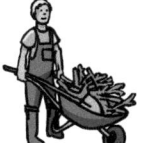

grădinar

baqçaçı

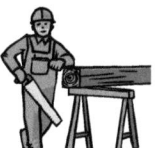

tâmplar

ağaç ostası

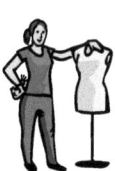

cusătoreasă

tegüçe

judecător

xökemçe

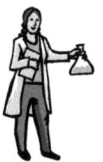

chimist

kimiyəçe

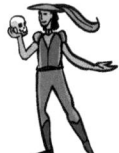

actor

aktor

şofer de autobuz

awtobus yörtüçe

şofer de taxi

taksiçe

pescar

balıqçı

femeie de serviciu

cıyıştıruçı xatın

tinichigiu

tübə yabuçı

chelnăr

tabınçı

vânător

awçı

pictor

rəssam

brutar

ikməkçe

electrician

elektrçı

muncitor în construcţii

tözüçe

inginer

möhəndis

măcelar

itçe

instalator

çöməkçe

poştaş

yamılçı

soldat

ğəskəri

arhitect

miğmar

casier

kassir

florar

çəçəkçe

frizer

çəçtaraş

controlor

konduktor

mecanic

mekanik

căpitan

kapitan

stomatolog

teş tabibı

om de ştiinţă

ğalim

rabin

rabbi

imam

imam

călugăr

kəşiş

preot

ruxani

instrumente

ələtlər

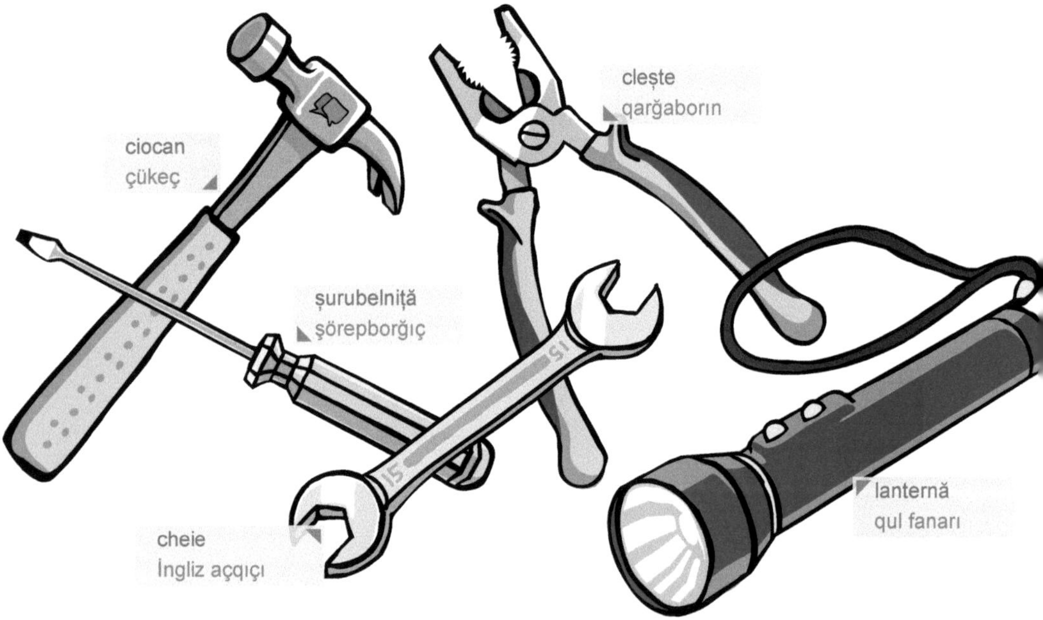
ciocan
çükeç
cleşte
qarğaborın
şurubelniţă
şörepborğıç
cheie
İngliz açqıçı
lanternă
qul fanarı

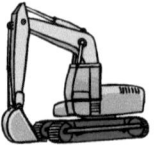

excavator

qazu maşinası

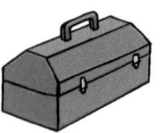

cutie de scule

ələt buqçası

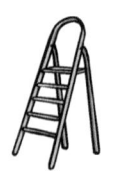

scară

basqıç

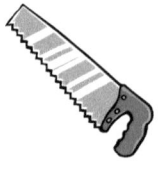

ferăstrău

pıçqı

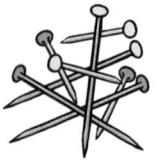

cuie

qadaqlar

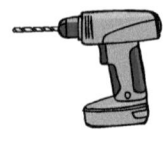

burghiu

dril

a repara
················
tözətergə

lopată
················
körək

La naiba!
················
Şaytan alğırı!

făraş
················
sosqı

vas pentru vopsea
················
buyaw sawıtı

şuruburi
················
mıqlar

instrumente muzicale
muzıka alətləre

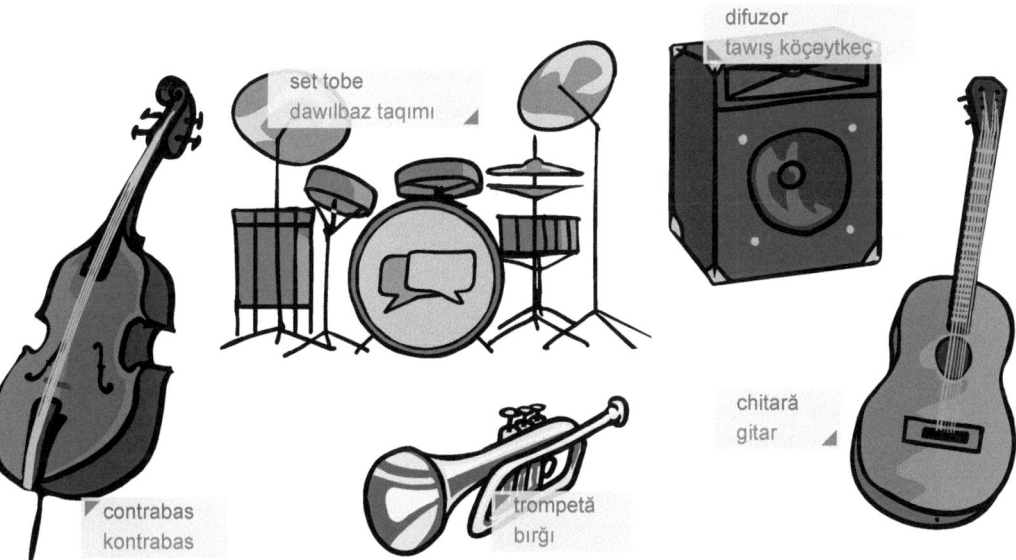

set tobe
dawılbaz taqımı

difuzor
tawış köçəytkeç

contrabas
kontrabas

trompetă
bırğı

chitară
gitar

pian

piano

vioară

kəmən

bas

bas gitar

trombon

timpani

tobă

dawılbaz

keyboard

töymәsar

saxofon

saksofon

fluier

flüt

microfon

mikrofon

grădină zoologică
xaywan baqçası

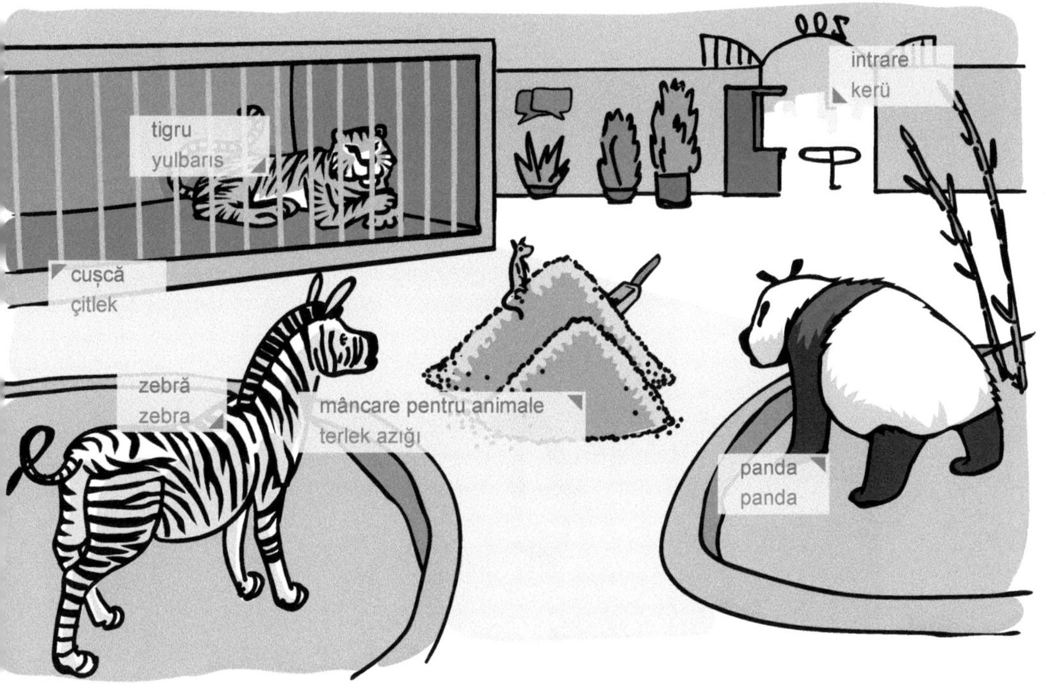

intrare
kerü
tigru
yulbarıs
cuşcă
çitlek
zebră
zebra
mâncare pentru animale
terlek azığı
panda
panda

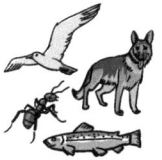

animale
xaywannar

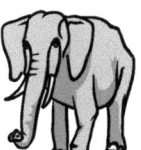

elefant
fil

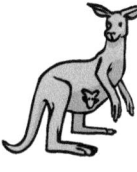

cangur
köngerə

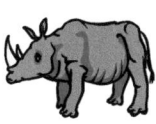

rinocer
kərkədən

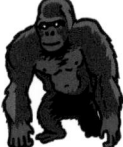

gorilă
gorilla

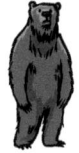

urs
ayu

cămilă

döyə

struţ

təwə qoşı

leu

arıslan

maimuţă

maymıl

flamingo

flamingo

papagal

tutıy qoş

urs polar

aq ayu

pinguin

pingwin

rechin

küpek balığı

păun

tawis

şarpe

yılan

crocodil

timsax

îngrijitor grădina zoologică

xaywan baqçası
xezmətkəre

focă

suete

jaguar

yaguar

ponei

poni

leopard

qaplan

hipopotam

su ayğırı

girafă

zörəfə

acvilă

börket

porc mistreţ

qaban duñğızı

peşte

balıq

broască ţestoasă

taşbaqa

morsă

morşa

vulpe

tölke

gazelă

ğəzəl

fotbal american
Amerika futbolı

ciclism
səpid

tenis
tennis

basketball
basketbol

înot
yözü

box
boks

hockey pe gheață
xokkey

fotbal
futbol

badminton
badminton

atletism
atletika

handbal
handbol

schi
çañğı

polo
polo

activități
itkenleklər

a râde
kölərgə
a sări
sikerergə
a îmbrățișa
qoçaqlarğa
a merge
yörergə
a cânta
cırlarğa
a visa
xıyallanırğa
a se ruga
ğibədət qılırğa
a săruta
übərgə

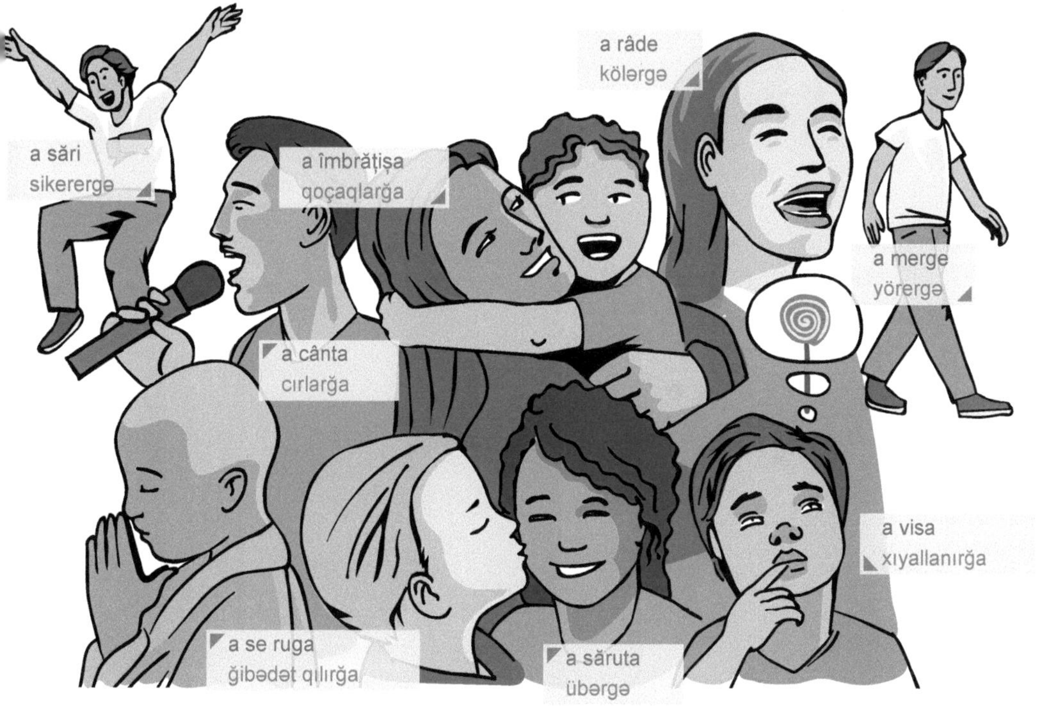

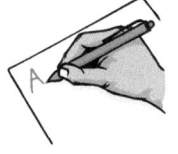

a scrie

yazarğa

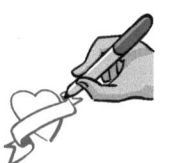

a desena

rəsem yasarğa

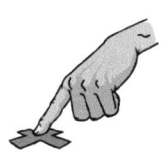

a arăta

kürsətergə

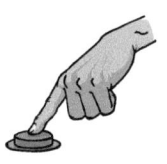

a împinge

etərgə

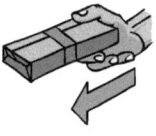

a da

birergə

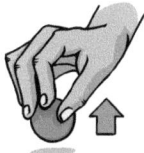

a lua

alırğa

a avea

iyə bulırğa

a face

eşlərgə

a fi

bulırğa

a sta în picioare

basıp torırğa

a fugi

yögerergə

a trage

tartırğa

a arunca

taşlarğa

a cădea

yığılırğa

a sta întins

yatarğa

a aștepta

kötərgə

a purta

taşırğa

a şedea

utırırğa

a se îmbrăca

kiyenergə

a dormi

yoqlarğa

a se trezi

uyanırğa

a privi

qararğa

a plânge

yılarğa

a mângâia

sıyparğa

a se pieptăna

tararğa

a vorbi

söyləşergə

a înțelege

añlarğa

a întreba

sorarğa

a asculta

tıñlarğa

a bea

eçergə

a mânca

aşarğa

a face ordine

cıyıştırınırğa

a iubi

söyergə

a găti

peşerergä

a conduce

sörergə

a zbura

oçarğa

a naviga

diñgezgə açılu

a calcula

isəpləw

a citi

uqırğa

a învăţa

öyrənergə

a munci

eşlərgə

a se căsători

öylənergə

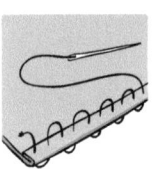

a coase

tegərgə

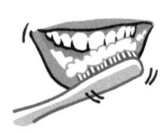

a se spăla pe dinţi

teş fırçalarğa

a ucide

üterergə

a fuma

təməke tartırğa

a trimite

cibərergə

familie
ğailə

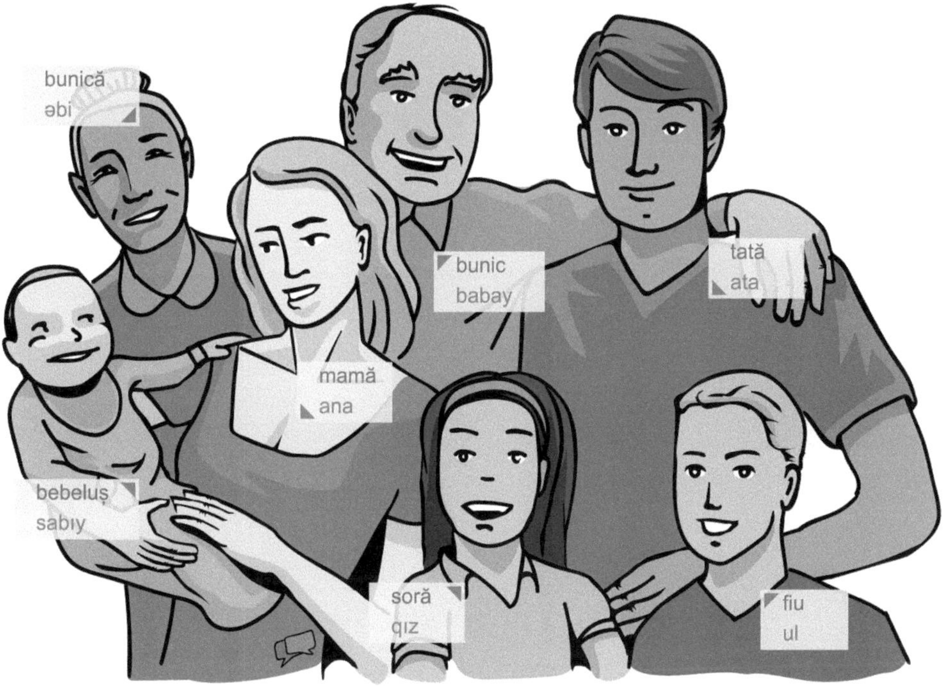
bunică
əbi
bunic
babay
tată
ata
mamă
ana
bebeluș
sabıy
soră
qız
fiu
ul

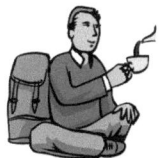

oaspete

qunaq

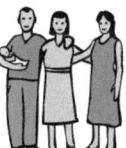

mătușă

apa

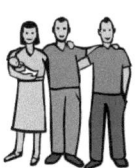

unchi

abıy

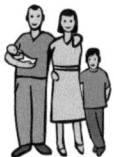

frate

abıy / ene

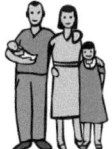

soră

apa / señel

corp
tən

frunte
mañğay
ochi
küz
umăr
iñbaş
deget
barmaq
față
bit
bărbie
iyək
mână
qul çuğı
picior
ayaq
piept
kükrək
braț
qul

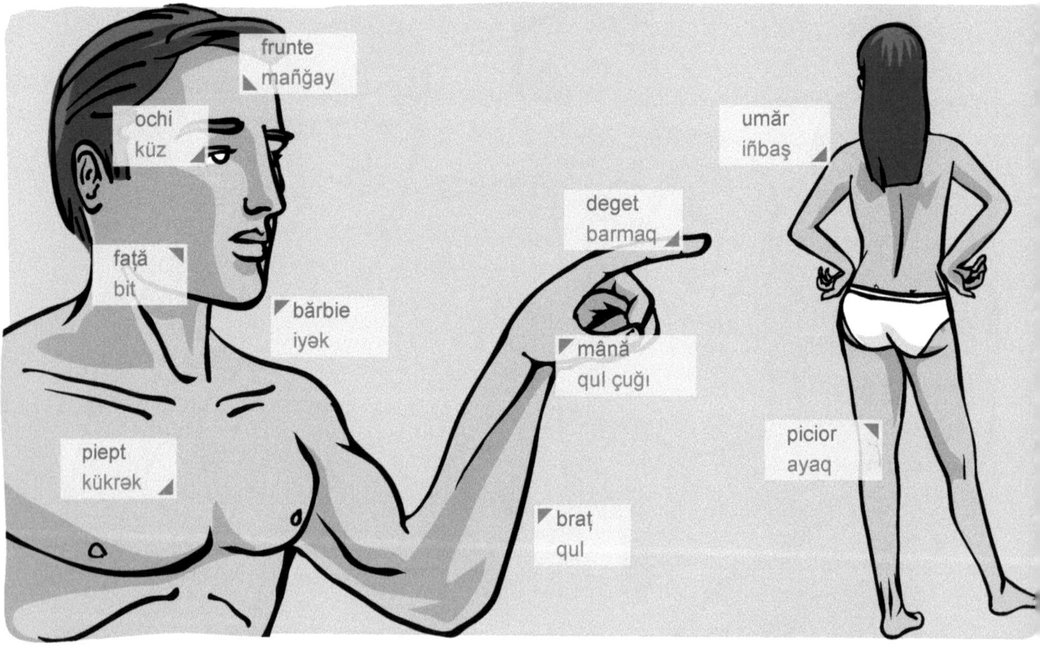

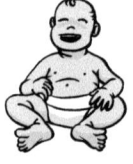

bebeluș
sabıy

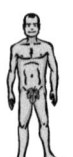

bărbat
ir

femeie
xatın

fată
qız

băiat
malay

cap
baş

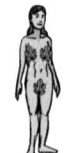

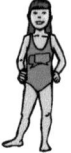

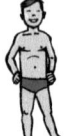

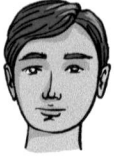

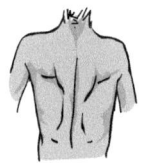

spate

arqa

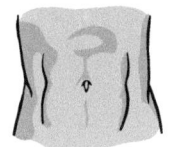

abdomen

eç

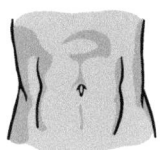

ombilic

kendek

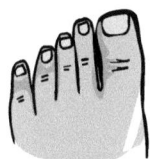

deget de la picior

ayaq barmağı

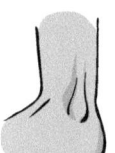

călcâi

ükçə

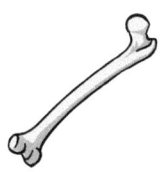

os

söyək

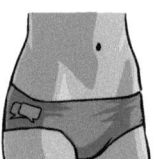

șold

bot

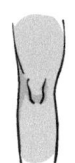

genunchi

tez

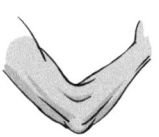

cot

tersək

nas

borın

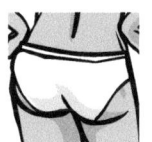

fund

art san

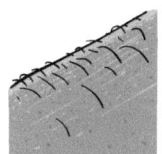

piele

tire

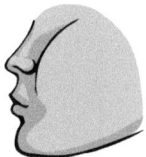

obraz

yañaq

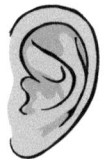

ureche

qolaq

buză

iren

gură

awız

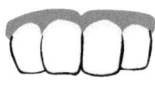

dinte

teş

limbă

tel

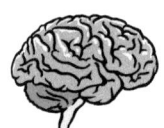

creier

mi

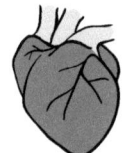

inimă

yörək

muşchi

ğəzlə

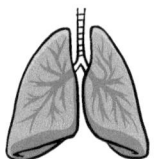

plămân

üpkə

ficat

bawır

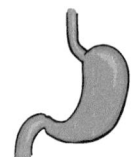

stomac

aşqazanı

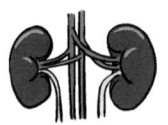

rinichi

böyerlər

sex

seks

prezervativ

prezervativ

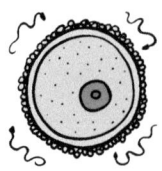

ovul

kükəy küzənək

spermă

məni

sarcină

kömən

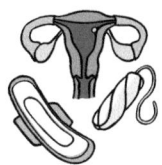

menstruație
....
kürem

vagin
....
vagina

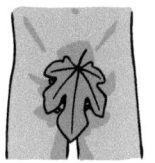

penis
....
penis

sprânceană
....
qaş

păr
....
çəçlər

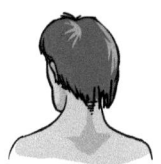

gât
....
muyın

spital
xastaxanə

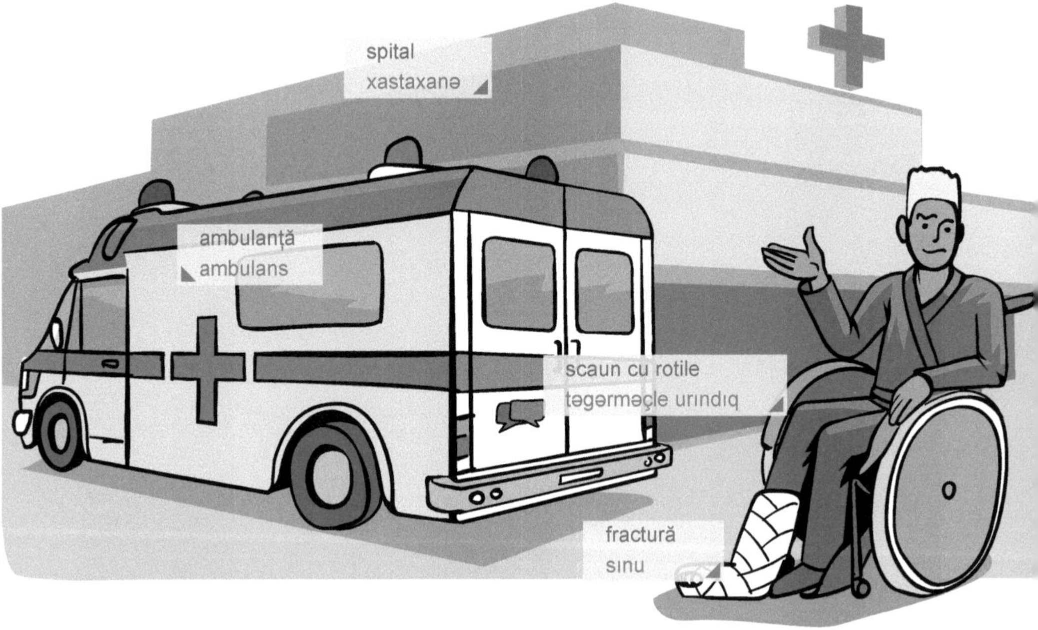

spital
xastaxanə
ambulanță
ambulans
scaun cu rotile
təgərməçle urındıq
fractură
sınu

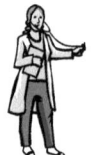

medic

tabib

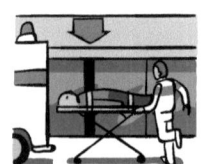

unitate de primiri urgențe

aşığıç yərdəm bülməse

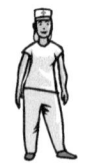

soră medicală

şəfqət tutaşı

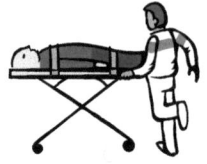

urgență

kiçektergesez xəl

inconștient

añsız

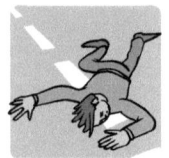

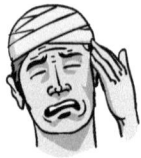

durere

awırtu

leziune

cərəxətlənü

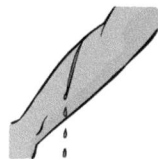

sângerare

qan ağu

infarct miocardic

infarkt

atac cerebral

insult

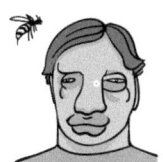

alergie

allergiyə

tuse

yütəl

febră

qızu

gripă

grip

diaree

eç kitü

durere de cap

baş awırtu

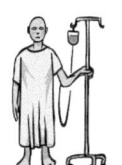

cancer

yaman şeş

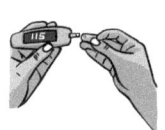

diabet

diabet

chirurg

xirurg

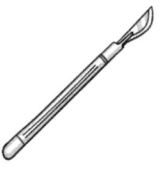

scalpel

skalpel

operație

ğəməliyət

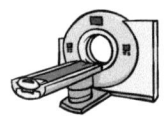

CT
ST

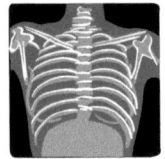

raze Röntgen
röntgen

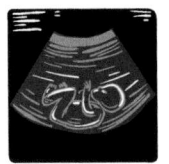

ultrasunet
ultratawış

mască
bitlek

boală
awıru

sală de așteptare
kötü bülməse

cârjă
qultıq tayağı

plasture
plaster

bandaj
bəyləweç

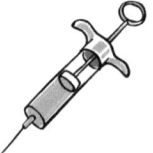

injecție
qadaw

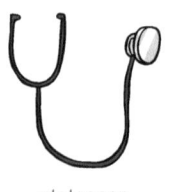

stetoscop
stetoskop

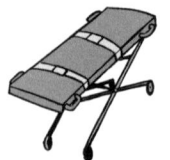

targă
sədiyə

termometru
klinik termometr

naștere
tuu

supraponderabilitate
artıq awırlıq

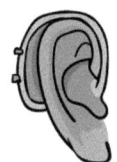

aparat auditiv

işetü cihazı

dezinfectant

dezinfektant

infecţie

yoğış

virus

virus

HIV/SIDA

KİV / BİDS

medicină

daru

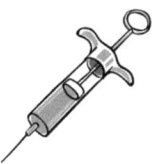

vaccin

vaksinalanu

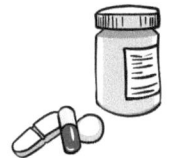

tablete

tabletlər

pastilă

kontraseptiv tablet

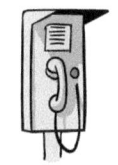

apel de urgenţă

aşığıç çaqıru

aparat de măsurare a
presiunii arteriale

qan basımı ülçəgeçe

bolnav/sănătos

awıru / sələmət

Ajutor!
Qotqarığız!

alarmă
xəwef tawışı

agresiune
höcüm

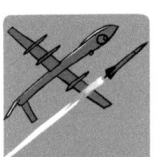

atac
höcüm

pericol
qurqınıç

ieșire de urgență
așığıç çığu

Foc!
Yanğın!

extinctor
ut sündergeç

accident
qaza

trusă de prim-ajutor
berençe yərdəm buqçası

SOS
SOS

politie
polisə

Europa

Awrupa

America de Nord

Tönyaq Amerika

America de Sud

Könyaq Amerika

Africa

Afrika

Asia

Asya

Australia

Awstralya

Altantic

Atlantik okean

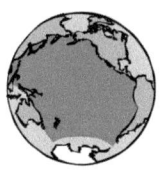

Pacific

Tın okean

Oceanul Indian

Hind okeanı

Oceanul Antarctic

Antarktik okean

Oceanul Arctic

Arktik okean

Polul Nord

Tönyaq qotıp

Polul Sud

Könyaq qotıp

Antarctica

Antarktika

pământ

Cir

ţară

qorı cir

mare

diñgez

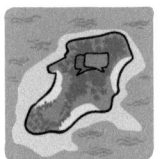

insulă

utraw

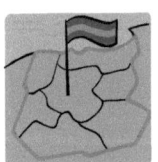

naţiune

millət

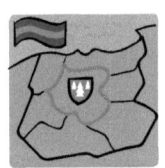

stat

dəwlət

cadran

səğət bite

orar

səğət uğı

minutar

minut uğı

secundar

sekund uğı

Cât e ceasul?

Səğət niçə?

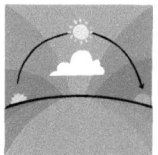

zi

kön

timp

waqıt

acum

xəzer

cead digital

dijital səğət

minut

minut

oră

səğət

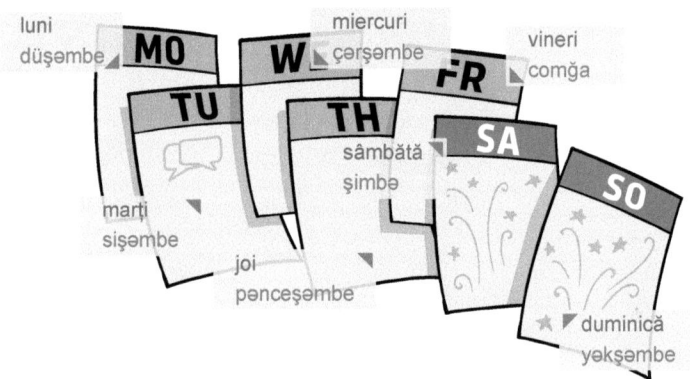

luni
düşəmbe

miercuri
çərşəmbe

vineri
comğa

marţi
sişəmbe

sâmbătă
şimbə

joi
pənceşəmbe

duminică
yəkşəmbe

ieri

kiçə

azi

bügen

mâine

irtəgə

dimineaţă

irtə

amiază

töş

seară

kiç

MO	TU	WE	TH	FR	SA	SU
1	2	3	4	5	6	7
8	9	10	11	12	13	14
15	16	17	18	19	20	21
22	23	24	25	26	27	28
29	30	31	1	2	3	4

zile lucrătoare

eş könnəre

MO	TU	WE	TH	FR	SA	SU
1	2	3	4	5	6	7
8	9	10	11	12	13	14
15	16	17	18	19	20	21
22	23	24	25	26	27	28
29	30	31	1	2	3	4

week-end

yal könnəre

ploaie
yañğır

curcubeu
salawat küpere

zăpadă
qar

vânt
cil

primăvară
yaz

toamnă
köz

vară
cəy

iarnă
qış

4.APRIL	11°	☀
5.APRIL	4°	☁
6.APRIL	13°	☔
7.APRIL	8°	☀
8.APRIL	10°	☀

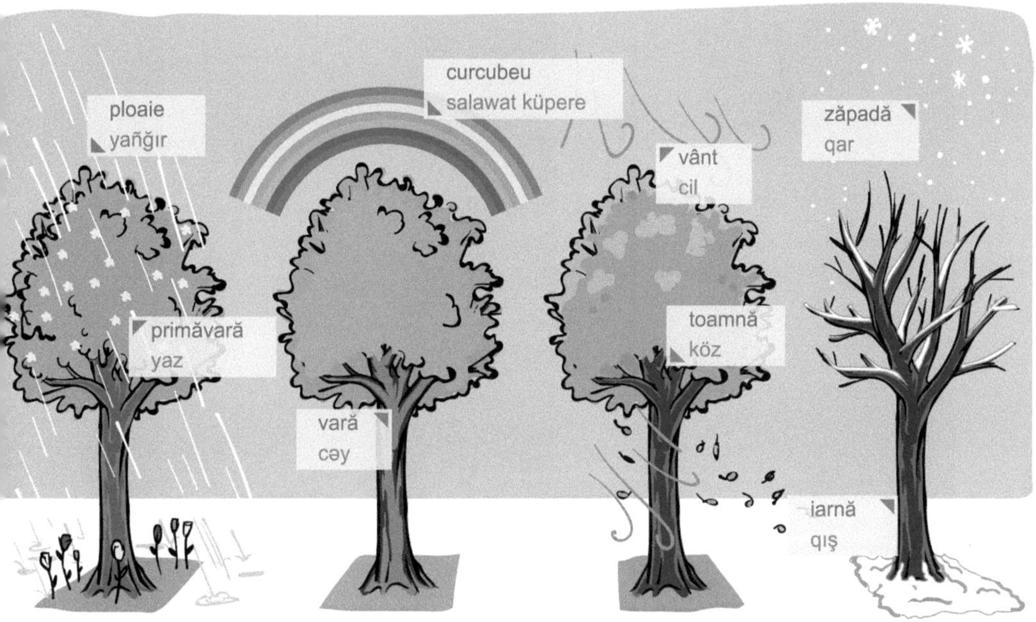

prognoză meteo

hawa torışı

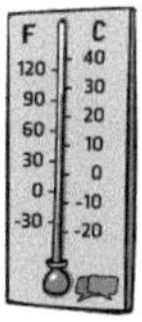

termometru

termometr

lumina soarelui

qoyaş yaqtısı

nor

bolıt

ceață

toman

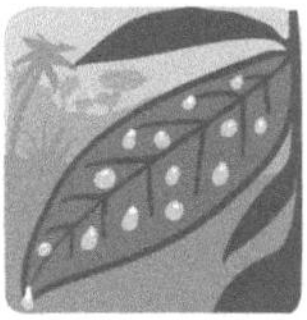

umiditate a aerului

dımlılıq

fulger

yəşen

tunet

kük kükrəw

furtună

dawıl

grindină

boz

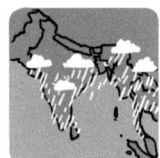

muson

musson

inundaţie

su basu

gheaţă

boz

ianuarie

Qırlaç

februarie

Aqman

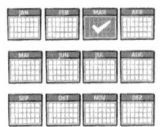

martie

Buşay

aprilie

Yañarış

mai

Saban

iunie

Çereşmə

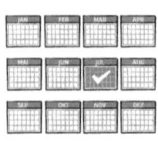

iulie

Peçən

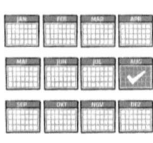

august

Uraq

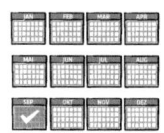

septembrie
....
Indır

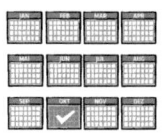

octombrie
....
Bilek

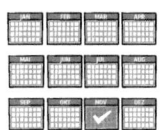

noiembrie
....
Qaraköz

decembrie
....
Kerəw

forme
şəkellər

cerc
....
tügərək

pătrat
....
dürtkel

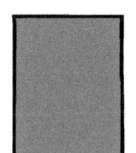

dreptunghi
....
turıpoçmaq

triunghi
....
öçpoçmaq

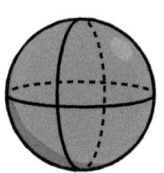

sferă
....
körrə

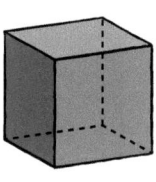

cub
....
kub

alb
....
aq

galben
....
sarı

portocaliu
....
qızğılt sarı

roz
....
al

roşu
....
qızıl

violet
....
şəməxə

albastru
....
zəñgər

verde
....
yəşel

maro
....
körən

gri
....
sorı

negru
....
qara

mult/puţin

küp / az

furios/calm

usal / tınıç

frumos/urât

matur / yəmsez

început/sfârşit

baş / axır

mare/mic

zur / keçkenə

luminos/întunecat

yaqtı / qarañğı

frate/soră

abıy, ene / apa, señel

curat/murdar

taza / pıçraq

complet/incomplet

təmam / təmamlanmağan

zi/noapte

kön / tön

mort/viu

üle / tere

lat/strâmt

kiñ / tar

comestibil/necomestibil

aşarğa yaraqlı / aşarğa yaraqsız

rău/prietenos

yaman / yaxşı

emoţionat/plictisit

dulqınlanğan / yalıqqan

gras/slab

yuan / yabıq

primul/ultimul

berençe / soñğı

prieten/inamic

dus / doşman

plin/gol

tulı / buş

tare/moale

qatı / yomşaq

greu/uşor

awır / ciñel

foame/sete

açlıq / susaw

bolnav/sănătos

awıru / sələmət

ilegal/legal

qanunsız / qanunlı

inteligent/stupid

aqıllı / aqılsız

stânga/drepta

sul / uñ

aproape/departe

yaqın / yıraq

nou/uzat

yaña / qullanılğan

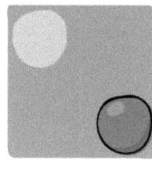

nimic/ceva

hiçnərsə / nərsədər

bătrân/tânăr

ölkən / yəş

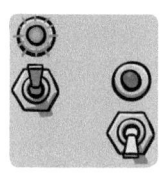

pornit/oprit

qabızdırılğan / sünderelgən

deschis/închis

açıq / yabıq

încet/tare

tawışsız / göreltele

bogat/sărac

bay / yarlı

corect/fals

döres / yalğış

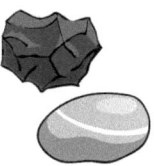

aspru/neted

qıtırşı / şoma

trist/fericit

küñelsez / küñelle

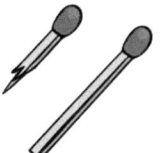

lung/scurt

qısqa / ozın

încet/repede

aqrın / tiz

ud/uscat

dımlı / qorı

cald/rece

cılı / salqın

război/pace

suğış / tınıçlıq

0

zero

sıfır

1

unu

ber

2

doi

ike

3

trei

öç

4

patru

dürt

5

cinci

biş

6

şase

altı

7

şapte

cide

8

opt

sigez

9

nouă

tuğız

10

zece

un

11

unsprezece

unber

12

douăsprezece

unike

13

treisprezece

unöç

14

paisprezece

undürt

15

cincisprezece

unbiş

16

șaisprezece

unaltı

17

șaptesprezece

uncide

18

optsprezece

unsigez

19

nouăsprezece

untuğız

20

douăzeci

yegerme

100

o sută

yöz

1.000

o mie

meñ

1.000.000

un milion

million

engleză
....
inglizçə

engleză americană
....
Amerika inglizçəse

chineza mandarină
....
Mandarin qıtayçası

hindi
....
hindi

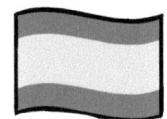

spaniolă
....
İspança

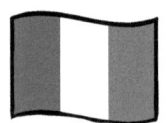

franceză
....
Fransızça

arabă
....
Ğərəpçə

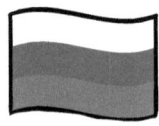

rusă
....
Rusça

protugheză
....
Portugalça

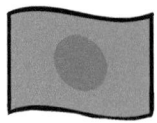

bengaleză
....
Bengali

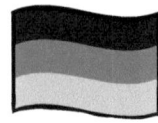

germană
....
Almança

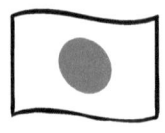

japoneză
....
Yaponça

eu

min

tu

sin

el/ea

ul / ul / ul

noi

bez

voi

sez

ea

alar

cine?

kem?

ce?

nərsə?

cum?

niçek?

unde?

qayda?

când?

qayçan?

nume

isem

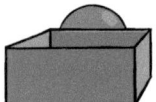

în spate

artta

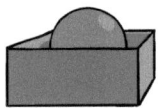

în

eçendə

înainte

aldında

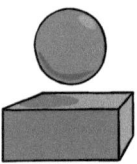

peste

östendə

pe

östendə

sub

astında

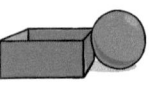

lângă

yanında

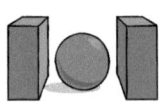

între

arasında

loc

urın